| 김종호 시집 |

길 위에 핀 꽃

도서출판

　　　　　　　　　　　　　　　　　　　　　　　　　님께
....

　　　　함께 있으면 좋은 사람에게 이 책을 드립니다.

　　　　　　늘 건강하시고 행복하세요.

　　　　　　　　　　　　　　　　　　　　　　　　　드림
....

날짜 :　　　　　　　**년**　　　　　**월**　　　　**일**

* 책을 펴내면서

여행이란?
얼마나 많이, 얼마나 멀리 가느냐에 촛점이 있는 게 아니라, 어떤 여행을 하느냐에 참 의미가 있을 것이다. 필자는 여태 살면서 해외여행은커녕, 나라 안 조차도 눈에 많이 담지 못했다. 그래서 자신이 할 수 있는 새로운 여행을 찾아야만 했다. 글을 쓴다는 것. 무언가에 홀린 듯 스스로 제작한 범선을 타고, 넘치지 않는 곳간엔 영혼의 양식을 가득 채우고, 이름도 없는 미지의 항구를 찾아 떠나기로 했다. 눈을 감고 바람이 전해주는 사연들을 들으며, 소리 없이 너울대는 바다 위를 때론 멀미도 느끼고, 밤하늘의 별을 세며 달에게 길을 물어가며 항해를 계속할 것이다. 글에 허기지면 영혼의 성대한 잔치를 벌이고, 강한 비바람이 암초가 되어 길을 막으면 고요히 돌아앉아 성숙한 고독에도 젖어볼 것이다. 찾고, 만나고, 기억하는 모든 것들이 하나씩 하나씩 이름을 달면 나의 여행지의 이정표가 될 것이다. 나를 깨우는 듯이 해지지 않고, 생각이 마르지 않는다면 아마도, 글에 묻은 삶을 찾아가는 이 여행은 오늘도 계속될 것이다.

2020년 12월
김종호 시인

1부 그리운 날에

가던 길 멈추고 ················· 12
가로등 꽃 피는 거리 ············· 13
가슴에 지는 별 ················· 14
가을의 시 ····················· 15
간망 ························· 16
개벽 ························· 17
겨울 ························· 18
겨울이 오는 풍경 ··············· 19
겨울 행 바람 열차 ··············· 20
고백의 말 ····················· 22
공원 벤치 ····················· 23
구름이 바람에게 ················ 24
그곳에 가면 ··················· 25
그대 그리운 날에 ··············· 26
그대 내게로 오라 ··············· 27
그대는 모릅니다 ················ 28
그렇게 살라 하네 ··············· 29
그리운 어머니 ·················· 30
그리움의 꽃 ··················· 31
기다리는 기쁨 ·················· 32
기다리는 마음 ·················· 33
기도 ························· 34
길 위에 핀 꽃 ·················· 35
까마귀 ······················· 36
나의 노래 ····················· 37

2부 세월의 흔적

나팔꽃 ·· 40
남는 것 남겨지는 것 ······················· 41
내 것으로 생각했습니다 ·················· 42
네가 있어 ·· 44
노승 ·· 45
노안 ·· 46
늦은 가을 ·· 47
단풍 들지 않는 나무 ······················· 48
단풍의 길목 ····································· 49
달무리 ··· 50
데칼코마니 ······································ 51
독도 ·· 52
독백 ·· 53
동그라미 ·· 54
두려움에서 ······································ 55
두메산골 ·· 56
두부 장수 ·· 57
들꽃 ·· 58
따개비 ··· 59
마음의 갈피표 ·································· 61
마음의 뜰 ·· 62
마음의 텃밭 ····································· 64
마음이 떠나려 할 때 ······················· 65
만장대 ··· 66
만추 ·· 67
맨발 걷기 ·· 68

3부 마음의 온도

메아리 … 70
맷돌 … 71
모노드라마 … 72
모래시계 … 73
몽돌 소나타 … 74
무제 … 75
물들이는 이 … 76
바다 … 77
바라기 … 79
별 … 80
보내는 계절 … 81
보름달에는 … 82
복권 … 83
봄 소리 … 84
빗소리 … 85
사랑 … 86
사랑은 병이다 … 87
사랑의 진실 … 89
사랑이란 … 90
사진 한 장 … 91
삯바느질 … 92
산다는 것 … 94
산막 … 96

4부 여행과 길

상심 ·· 98
새벽이 올 때 ···································· 99
설 잠 ·· 100
소나무 ·· 101
수취인 없는 편지 ···························· 102
숙녀에게 ·· 103
슬픔의 미로 ···································· 104
시간의 미늘 ···································· 105
시장 골목 ·· 107
시장에 가면 ···································· 108
신부에게 ·· 109
아! 그리움인가 ······························· 110
아름다운 재회 ································ 111
애상 ·· 113
애정공식 ·· 114
어떤 기다림 ···································· 115
여행과 길 ·· 116
외로운 길을 걷다 ·························· 118
우울한 하루 ···································· 120
유월의 시 ·· 121
이 계절은 나에게 ·························· 122
이른 새벽 ·· 123
임마중 ·· 124
잠에 관한 보고서(수필) ··············· 125
제야의 종 ·· 126

5부 풍경 소리

지우개 …………………………………………… 128
찬 이슬 내리면 ………………………………… 130
천국의 계단 ……………………………………… 131
천사의 나팔 ……………………………………… 132
청춘 ………………………………………………… 133
키핑 카페 ………………………………………… 134
파수꾼의 새벽 …………………………………… 135
푸른 산책 ………………………………………… 136
풀냄새의 기억 …………………………………… 137
풀의 단상(수필) ………………………………… 138
풍경소리 ………………………………………… 139
피에타 …………………………………………… 140
하나 됨을 위하여 ……………………………… 141
하나이기에 ……………………………………… 143
하늘 연달 끝에 ………………………………… 144
해반천 …………………………………………… 145
행복에 대한 짧은 생각 ………………………… 146
행복은 …………………………………………… 147
행복하려면 ……………………………………… 148
향수 ……………………………………………… 149
호수의 달 ………………………………………… 151
화포천 …………………………………………… 152
황혼 ……………………………………………… 153

1부
그리운 날에

가던 길 멈추고

가던 길 멈추고 하늘을 보라
순풍에 돛단 구름 유유히 떠가고
밤이면 쏟아내는 별빛을 자장가 삼는
구름은 여행하는 영혼을 태운 범선이어라

가던 길 멈추고 강물을 보라
분명 제자리에 선 듯한데 살아 움직이고
정해진 순서 없이 앞서지도 처지지도 않음이
한데 어울려 흘러가는 세월 같아라

가던 길 멈추고 벌판을 보라
온갖 새로운 새 생명이 생겨나고
희로애락 꽃들이 피었다가 지는
익어가는 벌은 결실을 맺는 삶이어라

가던 길 멈추고 오던 길 돌아보라
저 멀리 보이는 곧은 길
굽이굽이 돌아서 이어지는 굴곡진 길
끊어질 듯 서로 연결된 길은
추억으로 남는 인생 여정이어라

가로등 꽃 피는 거리

노을이 붉게 타는 축제 끝으로
하루의 민낯을 씻어내고
태양이 그림자를 접어 돌아가는 시간

하늘엔 별빛 커튼을 두르고
소슬바람이 고요를 몰고 와
흩어놓은 생각이 제자리 찾아들면

형형색색의 꽃이 거리마다 피어나
이제 막 사랑을 시작한 연인들을
무 향취의 황홀함 속으로 유혹한다

시선을 자극하는 파장의 강렬함
낮에 가려진 참아 견뎌낸
아름다움을 눈보다 마음이 즐기는

온몸 뿌려지는 꽃가루
꽃잎의 미세한 떨림은 사랑 바라기

밤에 피었다가 아침이면 지는
가로등 꽃은 못다 그린
돌아와 서로의 품에 안기는 추억이다

가슴에 지는 별

유난히 맑은 가을밤엔
별은 떠돌다 슬픈 가슴에 진다

그리운 너는 오래전 별이 되어
가을을 따라나섰는데
까맣게 잊은 나는 가을밤을
서성이며 너를 기다린다

가슴에 지는 별이 너인 줄 모르고
슬픔만 쓸어내리다
바람이 옮겨놓은 가을을
부둥켜안고 오열한다

하염없는 눈물이
은하수 되어 길을 만들면
너에게 닿을 수 있을까?

그리움의 조각들이 하나둘
너의 얼굴을 만들어가면
가을을 품은 또 하나의 별은
다시 한번 내 슬픈 가슴에 진다

가을의 시

물오리 한 마리 간헐적인 물질에
고요한 호수에 파문이 일고
하늘빛 물에 녹아든 가을을
늘어진 갈대 수염으로 낚으려 하네

오래된 빈 노트에 그물을 드리우면
그토록 기다려온 시어들은
하늘의 별이 되기도
윤슬로 부서지기도 하여
호수의 가을 속으로 녹아드는데

사랑하는 이여
이제 그리움의 편지를 써야 할 때
그물을 가득 메운 가을을 건져 올려
진한 고독에 굳은 혀 풀리 듯
더듬거리며 시를 써 내려가네

아픔으로 남겨진 이여
상서로운 가을을 생각하고
치유의 시를 기억하여
호수에 홀로 남게 되더라도

영원히 함께할 이여
부디 잊지 말길
그 자리 그 모습 그대로
항상 바람으로 안고 맴돌아
추억의 그림자 되어 떠나지 않음을

간망(懇望)

무릉이 어디인가 도린곁 찾아든다
구름도 멈춰서서 삼매에 빠져들면
어디가 하늘이려나 땅은 또한 어딘가

초록빛 걷어들고 홍단풍 내려깔면
물든 몸 훌훌털어 고운 옷 갈아입고
재 넘어 드는 노을은 떠도는 맘 부른다

간밤에 못다한 꿈 하늘에 걸어두고
눈물로 쌓은 돌탑 한울은 아시는지
홀연이 흘러온 세월 백발성성 나린다

개벽

강 울림 따라 둑에 오른다
물결에 쓸려 넘치는 아우성
간밤 이토록 많은 이야기가
멍이 든 채 꼬리를 물고 흘렀구나

키 높은 수초가 뱀 혓바닥 마냥
물 위를 낼름거리고
대지는 황톳빛 토사를 내뱉어
강을 송두리째 집어삼킨다

내리 누르는 먹장구름
부릅뜨고 일갈하는 천둥 번개
퍼붓는 빗줄기는 밤새 초양하다

비워야 채워지는 섭리
깊은 구렁에서 울리는
숙연한 맘 안고 둑을 내려온다

거울

하루에도 여러 번
나를 잃어갈 때
가만히 서서 바라본다

긴 물음에 침묵으로 답하는
눈에 보이는 건 허상이라는
좀처럼 보이지 않는
나를 들여다보는 창

느낌이 바탕 그림이 되고
생각이 중심을 만들어가는
마임 뒤에 숨은 허탈함
고독하지만 서럽지 않은
존재만으로 치유가 되는
홀로서기의 무대

이해하고 다독이고
때론 찌푸리고
때론 웃음 주는
닮아 늙어가는 생의 동반자

겨울이 오는 풍경

발갛게 익은 가을이 떨어져
조용히 바닥에 스며들면
잔잔한 호수 물결 위로
새하얀 겨울이 피어난다

가을꽃은 겨울 햇살에 타들고
작별을 고하지 못한 채
아쉬움에 부서져 사라진다

그리움을 담은 작은 서랍
단풍 진 갈피 표를 끼워두고
그 모습 그대로 얼려두는
겨울에게 맡기려 한다

사각사각 서릿발 밟는 소리
숲을 메우던 푸른빛은 떠나
시간이 멎어버린
나목 사이를 휘돌아
청초한 겨울이 얼굴을 내민다

바닥이 닿지 않는 고독을 보여도
서글픈 하소연을 늘어놓아도
말없이 품어 줄
아름답게 차가운 겨울이 온다

겨울행 바람 열차

수많은 감성을 포집한 가을은
겨울 길목에 쓰러져 잠이 들고
부풀부풀 땅이 얼면
그 위를 바람 열차 지난다

칸칸이 추억의 꾸러미들이 실리고
비워둔 마지막 칸엔
내 남은 반성의 시간도 태운다

스치는 풍경 따라 시선이 날리어
소리 없이 뿌연 창에 생각을 그리면
덜컹덜컹 흔들림이 멎고
이름 모를 간이역에 잠시 멈추어 선다

딛고선 지표 위에
나의 가을은 떠나고
소박한 노을이 퍼지면
등 뒤로 그림자 숨어들어
다시 바람이 분다

나무 위 낮은 별들이 털어낸
그리움을 모아 마음에 풀면
어느새 약속한 겨울 역에 다다른다

기적소리 가로등 불빛에 타들면
내리는 추억과 작별하고
낯선 기대가 눈을 맞은
발그레한 얼굴로 열차에 오른다

고백의 말

진실된
고백의 말은
짧아야 합니다

준비하는 시간은
호수에 부서지는
윤슬처럼
아끼지 말아야 합니다

혼자서 충분히
웃고 말하고 침묵하면서
고백의 말을
뭉쳐야 합니다

더 이상
참을 수 없는 순간이 오면
마음은
이미 알게 됩니다

꼭 해야 하는
고백은
입으로만 뱉는 게
아니란 것을

공원 벤치

봄이 되면 실랑이는
꽃향기에 이끌려
갓 볶아낸 웃음이 쌓인다

여름이면 나뭇가지에 걸린
음표 따라 노래하는 매미 소리에
팔베개 사이로
나른한 휴식에 젖는다

가을엔 외로움에 젖어
쓸쓸해지면 홀로 찾는 이의
그리움이 낙엽 되어 쌓인다

겨울이 되면 내어준 품 안에
머물던 연인들의 사랑이
소복소복 함박눈 되어 쌓인다

구름이 바람에게

포근히 감싸는 너의 팔로
저 산봉우리를 넘겨주오
작정하고 나선 걸음
구구만리 물어물어 임 찾아 가리다

부드러운 너의 입김으로
저 푸른 하늘 높이 올려주오
그립고 그리워 눈이 멀어
아스라이 가물거리는 임 모습 보리다

불꽃 같은 강한 너의 힘으로
나를 힘껏 부딪쳐주오
견디기 힘든 고통이
천둥의 메아리 되어 목놓아 임 부르리다

마침내 너의 어깨를 풀고
임 머리 위에 닿은
애틋한 나의 고백이
마르지 않는 사랑비 되어 한없이 내리리다

그곳에 가면

아니, 보고도 참았던 세월
소엽 하나 바래지 않은 기억은
그림자처럼 맴돌며 언제나 위로하며
곁을 떠나질 않는다

잊은 듯하여도 마음을 끌어가는 곳
토혈하듯 삼켜버린 목소리
그 목소리가 메아리가 되고
메아리는 감출 수 없는 한이 된다

쌓고 쌓고 또 쌓았던
이미 무너져버린 모래성은
어딘지도 모를 곳을 표류하고
끝내 등대 하나 만나지 못하는데

앞만 보던 이정표가 헤매던 길을
먼지 낀 거리가 별자리를 찾는
고독에 닳아버린 마음으로 걸어
그곳에 가면
이제야 깨달은 사랑을 찾을 수 있을까

그대 그리운 날에

그대 그리운 날이면
아껴둔 눈물 한방울 흘릴
슬픈 노래를 듣습니다

목이메여
차마, 따라 부르지 못할 노래를

너무도 보고픈 날이면
함께 거닐던 오솔길을
그대 여운을 찾아 걷습니다

아직도
그대 온기가 남아있을 여운을

훗날,
우연히 그대를 보게되면
하늘의 별도, 하늘의 달도,
땅위의 온갖 숨소리도,

고동치는 심장을 움켜지고
어쩔줄 몰라하는 나를 지켜보겠지요

차라리 그대여!
그 자리에 멈춰선 채
그냥 이대로 식지 않는 그리움을
돌아서서 가만히 안으렵니다

그대 내게로 오라

어둠의 껍질을 한 겹 한 겹
벗겨내며 오는 새벽처럼
마음의 가면을 벗고
그대 내게로 오라

아침 햇살이 쏜살같이 내리쬐는
안개 걷히는 싱그러운 숲처럼
이슬에 고운 얼굴 비추이며
그대 내게로 오라

벌나비 사랑을 전하고
안개꽃 행복에 겨워 꽃 피우면
온마음 사로잡는 향기 날리며
그대 내게로 오라

밤하늘 은빛초롱 융단을 깔고
은하수 강물따라 노를 저어
별빛처럼 영롱한 미소지며
그대 내게로 오라

나의 그대 그렇게 내게로 오라

그대는 모릅니다

눈을 감아도 눈을 뜨고 있어도
늘 떠오르는 얼굴이 그대란 걸
그대는 모릅니다

꿈속에라도 고운 그대 목소리를
듣고 싶어 숨죽여 귀기울임을
그대는 모릅니다

보고픔이 강물 되어 흐르고
그리움이 언덕이 되어 쌓여도
그대는 모릅니다

늦은 밤 잠이들 때
그대 추억을 품고 청하는 잠을
그대는 모릅니다

이른 새벽 깨어나 기지개보다
먼저 그대 이름을 부름을
그대는 모릅니다

한 세상 볼 수 없는 그대를
이렇게라도 품어 살아야함을
그대는 모릅니다

그렇게 살라 하네

저 물은
어디서 와서 어디로 가는지
머물 미련 남기지 말고
앞만 보고 흘러가 못 본 척
그렇게 살라 하네

저 바람은
때론 빠르게 때론 느리게
다가서는 유혹의 소리
휘익 휙익 휘파람 불며 못 들은 척
그렇게 살라 하네

저 바위는
세상에 있어 보고 듣고도
한 발짝 움직임 없이
입 꼭 다물어 모른 척
그렇게 살라 하네

저 구름은
한번 지나가면 다시 오지 않으니
만나게 된 소중한 모든 인연
한 켠 하늘 꽃자리에 띄워
그렇게 살라 하네

그리운 어머니

하늘을 한 꺼풀 벗겨내면
당신을 볼 수 있는 창이 보입니다

맑은 날 창을 열면
얇은 햇살 옷을 입은 당신이
푸른 정원을 거닐며 반기는 꽃에게
웃음으로 인사를 건네는 모습이 보입니다

흐린 날 창을 열면
너무도 선명한 수채화 같은 당신은
잔잔한 호수에 나뭇잎 하나 띄워
일렁이는 파문이 소리 없이 내 가슴에 전해집니다

비 오는 날 창을 열면
예나 지금이나 한없이 온화한 당신은
허락된 시간 못다 전해준 사랑을
마음 깊은 곳까지 젖도록 뿌리고 있습니다

날이 가고 해가 가고 그날이 오면
부어도 부어도 채워지지 않는 그리움에
더는 창을 열지 않아도 되겠지요

그리움의 꽃

보고픔이 간절한 시월 어느 날
가을이 남긴 텃밭에 사랑의 씨를 심고
설레는 그리움이 피기를 바라봅니다

먼 길 바람 한 가닥 불어와
햇살 한 움큼 뿌리고
느린 구름 한 점 흘러와 가랑비 내려
달팽이처럼 쪼그리고 앉아
마음으로 수를 세며 기다림을 배웁니다

서둘러 단풍 든 잎사귀 하나 떨구어
가을 발자국 소리 들으려 누운 자리
오가는 사연들에 귀 기울이는
아직 어린 사랑은
감내할 깊은 아픔을 모릅니다

시한부 계절
아쉬움에 잠 못 드는 밤
가으내 피우지 못한 그리움의 꽃은
물든 베갯잇 아래 묻어둔 채
짙은 어둠을 밟고 쓸쓸히 가을이 떠나갑니다

기다리는 기쁨

그대를 떠나보낸 슬픔이
그리움이란 상처로 남아
무심히 흐르는
시간의 바퀴에 묻어 구르고

잊으리라 외면한 기억들은
눈치도 없이 안뜰에
서러운 그림자로
추억되어 쌓여만 가

젊은 날의 초상 아래
힘없이 주저앉아 야위어가는
가던 길 멈춰서서
체념의 백발이 되어간다

그래도 어찌하랴
끝끝내 놓을 수 없는
단 하나 마지막 인연이기에
아파야 견뎌지는 것을

생에 단 하루가 남아도 좋으니
한없이 북받쳐 오는
기다리는 기쁨으로
오늘을 온전히
살아갈 수 있으면

기다리는 마음

봄이 온다고
까치발하며 멀리 보낸 시선은
높푸른 하늘에 부딪혀
피지도 않은 꽃을 그리며 설레고

여름이 온다고
서둘러 바다를 건너
바람이 실어 나르는 열기로
가슴을 태울 생각에 들떠고

가을이 온다고
물들지 않은 이파리 뚫어지라 보며
미처 달래지 못한
외로움을 엮어 그리움을 만들고

겨울이 온다고
열린 하늘 사이로 내리는
눈송이를 받으려
늘어선 나무가 잎을 떨구면

비워둔 자리에 먼지를 털어내고
계절이 오가는 길목에 서서
낡은 이름표를 달고 너를 기다린다

기도

많이 갖지 않게 하소서
적게 가진 만큼 잃어버리는
슬픔 또한 적을 테니까요

기회를 놓치지 않게 하소서
선택하지 못한 기회는
후회로 돌아올 테니까요

오늘만 살 것처럼 생각하게 하소서
내일은 냉정히 나를
외면할지 모르니까요

멀리 왔다 주저앉지 않게 하소서
눈에 뵈는 남은 길이
기다리지 않을지 모르니까요

더 이상 그리워 말게 하소서
그리움에 묻혀
기억조차 못 할지 모르니까요

이 밤이 길지 않게 하소서
기다림에 지쳐
새벽이 오지 않을지 모르니까요

더 이상 사랑하지 않게 하소서
고백한 마음이
돌아오지 않을지 모르니까요

길 위에 핀 꽃

어디를 가려 하는 걸까
홀로이 길 위에 핀 꽃

몹시도 바람이 세찬
칠흑 같은 어둠이 깔린 날

길 잃고 헤매던 씨앗 하나가
구르다 머문 자리
밤새 두려움에 떨다
눈을 떴을 때

온통 낯선 세상
닮은 이 하나 없고
말 거는 이 누구 없는데

한줄기 따사로운 햇살이
머리 위에 내리고

솜이불 같은 안개가
한참을 품었다 걷혀
하늘 향해 세워 일으키네

산들바람이 실어다 준
그리운 향기가
잠든 기억을 깨워

앞선 마음 가눌 수 없어
부르르 꽃잎을 떨며
떠나려 하네

까마귀

도도하고 고매한 자태
무겁게 누르는 까망의 위용
젖은 공기를 가르는 허탈한 날갯짓
심장을 저격당한 비굴함이
무리 지어 도시를 침범한다

익숙한 저공비행
사냥감의 변화에 민첩함을 잃은 눈
무뎌진 발톱은 엄숙한 사냥 대신
널브러진 쓰레기통을 움켜쥔다

얻어 건진 고깃덩이
비상과 함께
속울음을 토해내 과시하고
옛 기억은 사치인 지 오래
거리의 부랑아로 전락한다

빌딩 숲 사이 해를 보며 시작된 하루
밤새 품어낸 콘크리트 내음
탁한 공기로 깃털을 고르고
서서히 울음도 잃어가는

인간의 검은 속성까지 익힌 채
노을을 등에 업고
슬그머니 내려앉아
도시의 그림자가 되어간다

나의 노래

밤이 새도록 잠들 수 없었다

삶을 통째 짓누르는 고독한 번뇌
뛰쳐나가려 몸부림치는 처절한 외침
꿈길보다 어두운 곳을 더듬는
고요 속을 방황하는 상처투성인 자신을 본다

그 누가 있어 이토록 채찍질하나
그 무엇에 이끌려 오랜 지병처럼
환청을 듣고 환각의 구렁 속을 헤매는가

마시고 또 마셔도 채워지지 않는 갈증
아무리 뱉어내어도 후련하지 않은
마음 깊은 곳에서 찾아내려 애쓰는
놓칠 수 없는 찰나의 언어들은

미칠 것 같은 욕망이 지르는 소리
영혼의 자유를 부르는 주문이 되고
먼 우주를 가로질러 떠도는 유성처럼
머릿속을 헤매다 돌아온
한 편의 시는 비로소 나의 노래가 된다

2부
세월의 흔적

나팔꽃

덩쿨 속 침묵은
줄기를 감고 또 감아
참아낸 하고픈 말을
따스한 봄에 잉태한다

얼마나 보고파야
얼마나 눈물을 흘려야
얼마나 그리움을 아파해야
숨겼던 서러운 말문이 터일까?

밤새 서성이며 고민하다
지친 아침에 준비한 말
머뭇거리다 한낮에 다 못하고
허전함에 저녁이면 아쉬운

만남이 짧아서 너무 아픈
매련이 뒤끝을 흐리는
너무도 말하고 싶던
목에 메인 한마디 사랑한다는

남는 것 남겨지는 것

낙엽 따라 걷다가
두고 온 그리움이 생각나
너에게 편지를 쓴다

가을 우체국은
가까이 혹은 아주 멀리
보내려는 그리움으로 가득하다

받으려
기다리는 그리움은 없는

보내고 나면
또다시 만든 그리움이 남긴
속 여린 아쉬움은
따르지 못하고 남아
빈자리를 지키고

스산한 바람이 불어
그리움을 움켜쥔
냉철한 가을은 떠나고
나는 홀로 남겨진다

내 것으로 생각했습니다

처음엔
사랑이 내 것인 줄 알았습니다
눈에도 담아보고
입에도 넣어보고
가슴으로 품어보며
내 것으로 생각했습니다

설레임에 가슴도 뛰고
황홀함에 정신도 잃어보고
가늠 수 없는 감동에 울어도 보며
분명 내 것으로 생각했습니다

하지만
길을 잃은 사랑은
하늘의 별 되어 만날 일 없고
쏟아져 내린 슬픔만이
내 것인 양 조인 가슴을 파고듭니다

남겨진
그리움이 내 것인 줄 알았습니다
보고픈 맘 쓸어 잔을 채우고
지그시 감은 눈으로

우려낸 추억을 잔에 띄우고
분명 그리움은 내 것으로 생각했습니다

하지만
닿지 않는 그리움은
과녁 없는 화살의 방황
위로조차 없는 가엾은 고독만이
내 것인 양 거친 살을 파고듭니다

네가 있어

눈을 감지 않아도
어둠의 이불을 덮으면
자연스레 꿈길이 열립니다

오늘 하루
자신을 보살펴 온 생각을
가볍게 두드려 재우는 시간

비처럼 내리는
별빛을 모아
지붕을 꾸미고

흐르는 구름을 끌어내려
울타리를 두르고
거울처럼 맑은
연못에 달을 띄워

소리 한번 내지 않고
얼굴 한번 보지 않고
밤새 얘기 나누는

네가 있어
참 행복하다고
어둠을 접을 때까지 속삭입니다

노승(老僧)

영구암 솟은 봉에 드리운 삿갓구름
닷곱방 목탁 소리 심금을 다스리는
산 아래 두고 온 인연 고이 접어 사노라

푸성귀 네댓 걸음 바리때 조촐하나
하늘을 지붕 삼고 세상을 품어 살며
한평생 참 선방 짓고 구도의 길 가노라

노안

이젠 가까운 곳에 연민을 두지 말고
고개 들어 먼 곳을 보라 한다

지난 시절은 뭐든 감동을 아니 줄까
기억에 머문 만큼 소중함은 더하고
애련함은 깊이를 더하는데

언제나 마지막 가르침은 시간
한없는 슬픔의 치유도 시간
그 시간을 지우며 가는 것도 시간

조바심에 놓지 못한 삶의 조각들
실없이 행복을 갉아먹는 고민들
눈앞부터 버리며 가라 한다

어디쯤일까
시작된 곳을 바라보며
돌아돌아 늘어진 길
가까운 곳은 접으며 가라 한다

늦은 가을

뭇가지 대롱거리다
눈 내리듯 낙엽 되어 떨어지는
황혼의 잎사귀를 보는가

한 점 찬바람을 안고
때를 기다려 제 갈 길로
나뒹구는 낙엽을 보는가

모든 것 내려놓고 떠나는 여정
그린나래에 감싸는
동행할 가을을 만났으니

매련스레한 약속에
따라나서지 못한 이파리
자신이 기다린 가을은
여태 소식조차 없는데

야위어가는 얼굴 언저리
쓸쓸함이 쌓이고 쌓여
숨길 수 없는 그리움으로
온통 발갛게 변하였건만

헤어짐이 이토록 멀었던가
핏줄은 말라 수명을 다하는데
돌아올 길은 아득히 머네

단풍 들지 않는 나무

푸르름을 깨뜨리고
곱게 물든 나무 사이로
지난 봄부터 끊임없이
푸른 물을 떨어뜨리는 한 그루 나무

모두 축제 분위기로
하늘 높이 구름이 띄운 애드벌룬
거리엔 형형색색 황홀한 단풍
밤이 되면 짙은 화장으로
네온등 불빛을 받아 뿜어내는 신비로움

바스락바스락
가을이 터트리는 소리를 들으며
깊은 연민은 곡조를 만들고
바람을 불러 변주곡을 연주하는

단풍 들지 않는 나무는
낙엽의 향연이 끝날 때까지
마지막 관객으로 남아
부르르 떨려오는 겨울이 오길 기다려
외로움이 품은 가을을 가슴으로 사랑한다

단풍의 길목

땅거미 지는 스산한 거리
떠나는 뒷모습 기억에 아련한데
슬픈 눈물 자국은 문신처럼
남겨진 추억을 붙들고

허공을 떠도는지 하지 못한 고백은
야속한 세월에 가리워져
넋 놓고 선 감은 눈 사이로
외로운 잔상이 서린다

눈앞에 살살거리는 코스모스
귀 문을 두드리는 웃음소리
낯익은 발자국 소리 들리지 않아도

머릿속 각인된 향기가
코끝을 자극해
묻혀진 기억들이 살아나

태양이 길을 서두르고
바람이 무거워지면
저 멀리 단풍빛으로
다시 오리란 걸 낙엽은 아닐까

달무리

초저녁 태양이 물러난 자리에
성큼 걸어 나온 달이 원탁을 놓아
이제 막 잠에서 깬 별들을 초대한다

어두운 여백에 밝혀진 스크린
꿈의 세계가 펼쳐지는 아름다운 순간
시선은 좌표를 긋고 목적 없이
이미 마음은 노 저어 떠난다

침묵의 별은 점점 빛을 발하여
미리내길 따라 원탁에 모여들고
흩어져 날리는 빛 가루를 긁어모은
달 정원에는 달맞이꽃 만발한다

그리움의 긴 얼굴을 가진 계수나무
오래전 진 낙엽이 뿌리 되어 자라
두고두고 무성한 잎 되어
새로이 이어 엮는 원탁이 된다

오늘도
전설이 묻혀있는 그곳으로
끝없는 항해를 기다리는
말없이 서성이는 그림자가 있다

데칼코마니

그리웁다 적어 보낸
편지의 여백에
보고픔으로 메워
돌려보낸 그대 마음

헤어진 슬픔의
긴 끈을 묶어 보내면
아름다운 추억으로 엮어
돌려보낸 그대 마음

기다림이 무거워
터진 마음을 보내면
한 땀 한 땀 다시 기운 자리에
흘린 눈물로 수를 놓아
돌려보낸 그대 마음

잊혀질 만큼의
시간이 흐른 뒤에야
서로를 마주 그리는
사랑임을 알았습니다

독도

물살에 실려 떠내려간 외딴섬
늘 푸른 동쪽 끝에 머물러
괭이갈매기의 낙원이 되고
마음의 안식처가 된다

동여맨 그리움의 옷자락
물에 띄워 보내고
이제나 닿으려나 저제나 닿으려나
꼭 쥐은 손 놓을 수 없다

바다여! 어머니여!
지워지지 않는 채취
식지 않는 품 안의 온기
당신 부름에 오늘도 변함없이 응답한다

하늘은 그대로 머리 위에
발목은 물속에 묻은 채로
천년이고 만년이고
결코 외롭지 않은 끝 섬이 된다

독백

박수 소리 사라진 텅 빈 무대
깜박거리는 조명 아래
오랫동안 준비하고 기다린
나만의 공연이 시작된다

가슴속 깊은 곳
습관처럼 중얼거리는 목소리
혼자만이 관객이 되어
잔뼈까지 울리며
토해내는 소리를 듣는다

떠오른 기억이 그려내는 장면
못다 한 말들을 찾아 메우고
참았던 분노로 소리를 지르고
실성한 듯 허튼 웃음을 실실대고
무작정 삭이던 울음을 우는

가리웠던 먹구름 비 되어 녹아
이해와 용서로 해진 마음 기워지면
지쳐 헤매던 긴 방황을 끝내고
비로소 나래 접고 내려앉아

공연이 끝나 조명이 꺼지고
쓸쓸한 그림자마저 쓰러지면
무대 위에 가득 쌓인 말들이
불꽃을 날리며
타닥타닥 재 되어 사라진다

동그라미

아이와 함께 바라보는 세상은
온도가 일도 더 높고
느린 듯 멈춤이 없고
실망의 깊이보다 희망의 너비가 더 큽니다

아이와 함께 하는 시간은
웃음이 많아지고
갖가지 다양한 표현이 불쑥 튀어나오고
굳어가는 생각을 깨뜨리는 말이 많아집니다

아이와 함께 하는 공간은
좁아도 부족하거나 불편함이 없고
서툴고 온전하지 않아도 도전적이고
놀잇감이 적어도 결코 지루하지 않습니다

아이와 함께 맞추는 시선은
멀리 보지 않아도 새로움에 신기하고
높은 곳이 아니어도 경이로움은
호기심을 자극하기에는 충분합니다

아이와 함께 하는 하루는
지금의 나를 잠시 내려놓고
예전의 기억으로 돌아가는 시간
서로의 고집을 팽팽히 맞대는 순간마다
아이가 커가는 시간
쉼표 없는 사랑으로 키를 맞추는 하루는
아쉬움에 늘 그렇게 짧은가 봅니다

두려움에서

깊이를 알 수 없는 물속은
어둠 속 두려움이 일지만
잠긴 마음으로 가만히 바라보면
아픈 마음 찾아 치유가 된다

높은 곳에서 내려다보는 것은
믿음의 끈이 짧아
닿지 않는 두려움이 있지만
묶인 영혼의 자유를 느낄 수 있다

낯선 곳에서 존재의 위협을 느끼지만
시시때때로 부딪히는 이상 속에서
짜릿하게 흥분되는
새로운 자아를 발견하기도 한다

그중에서도 가장 두려운 건 사랑
묘약의 약효가 떨어지면
감당하기 힘들어 놓아버리는
결국 아픈 이별을 예정하기 때문이다

두메산골

말없이 하늘을 머리에 인
품 넓은 산그늘에 안긴 산골

부시시 비벼대는
아침이 사랑스럽고
고인 햇볕에 그을린
저녁이 아름다운 골안 동네

고향 지기 느린 걸음
누렁이의 게으른 하품
산새들이 부른 메아리
눈맞은 나무들의 떨림이
정겨운 사계를 만드는 동네

키 작은 싸리문 걸지 않고
헛기침이 유일한 소통인 곳
마을 어귀 돌무더기에 쌓인 전설
한가닥 한가닥 풀어 하루가 되는 곳

어릴 적 기억이 나무같이 자라고
묵묵한 바위와 함께 늙어가는
예서는 세상얘길랑 하지 마소
바람 탄 구름도 조용히 지나가오

두부 장수

땅그랑 땅그랑
새벽 길을 더듬어 종소리 들려온다

한참 뒤 그 소리 밟으며
삐걱삐걱 두부장수 수레가 굴러온다

모락모락 찬 공기를 녹이는
깊은 콩내음 풍기며 김이 나린다

끊어 울리는 종소리가
따끈따끈한 두부가 왔으니
빨리 나오라는 모스 부호같다

미리 아침 찬을 준비한 집도
갑작스런 소리에 저도 모르게
들썩 뛰어나온 집도
손에는 하나씩 양은냄비가 들려있다

얼마나 많은 새벽을 걸었을까
새벽 길 끊기고
수레마저 사라진 길
종소리는 여운을 남기며
기억 저편으로 아스라이 멀어진다

땅그랑 땅그랑 땅그랑

들꽃

숨은 듯 모습이 드러나고
작아도 섬세하게 아름다운
굳이 이름을 묻지 않아도 좋은
그대는 들꽃입니다

코끝을 자극하는 향기도
홍채를 물들이는 강렬함도 아닌
오랜 연인처럼 오롯이 마음을 빼앗은
그대는 들꽃입니다

시인의 속삭이는 노래를
함부로 듣지 않고
눈을 맞추며 수줍어하는
그래서 아무리 가려도 티 나는

별들이 쏟아내는 빛 화살을 받아
풀벌레 속삭임을
지나는 실바람이 전하는 길목

그대 선 자리
발길이 잦은 곳도
눈길을 끄는 곳도 아닌
자연 속 그대로의 자연입니다

따개비

나는 살란다
변화가 녹슬고
몰골이 말이 아니래도
흐르다 흐르다 뻗은 발
닿는 곳이 막다른 길일지라도

나는 살란다
끊이지 않는 세파에
야윈 등짝이 갈라져도
갈증이 부른 혼미한 정신에
의지가 꺾이려 하여도
희망의 옅은 숨소리만 위로로 남아도

나는 살란다
마음을 알아주지 않아도
생각을 들어주지 않아도
보는 시선이 무심해도
고독이 깎이어 비수가 되더라도

나는 살란다
질긴 건 목숨이 아니라 미련
잊혀지는 두려움을 감추려
침묵으로 사라지는

마지막 남긴 선택 그 하나만으로

나는 살란다
가진 것보다 남길 게 많다고 느껴지고
밀어낸 서러움도 추억이 될 때
모든 것 제자리 돌려놓고
죽어서 살란다

마음의 갈피표

하루 한 갈피씩
마음을
적어 끼우는 책장

어떤 날은
은은한 향기 묻은
엷은 한 장의 꽃잎

또 다음날은
진한 추억이 서린
빛바랜 나뭇잎 한 장

행복한 웃음 한 조각
슬픔의 눈물 한 방울
곱디곱게 적셔

손에
눈에
온몸 물들면

언제부터인가
갈피갈피 메운 게
네 얼굴이 된다

마음의 뜰

댓 걸음 텃밭에
고추가 풋내를 풍기고
무릎 넘긴 가지는 꽃을 밀어 혀를 내밀고
한 뼘 자란 오이가 지지대를 타고 오른다

두꺼운 녹음방초
풍요로운 햇살의 향연
터질 듯 이글거리는 대지 위로
회색 바람이 잠시 머물다 갈 즈음

마당을 가르는 빨랫줄에
줄줄이 엮어 장맛비를 걸고
송송이 튀어 오르는 유리알에 비친
내 작은 여유를 본다

낮은 돌담 밑으로 맘껏 꽃피운 수국
막무가내 비벼대는 빗줄기에
부푼 볼살 터트리며 웃는다

반나절을 그렇게
귀를 두드리고 시선을 빼앗아
물살 따라 마음을 홀리더니

젖은 하늘이 마르고
나의 낡은 궁에 소리 없이 별빛이 내리면
눈은 닫고
밤새 창은 열어 둔다

마음의 텃밭

내 작은 텃밭에 설레는 맘으로
보고픔의 씨를 뿌렸습니다

이랑마다 함께한 추억으로
토닥토닥 북을 돋우고
그리움이 싹트길 기다립니다

살랑살랑 지나던 바람도
살포시 감싸는 햇살도
이리저리 기웃거리는 나비도
둘러앉아 숨죽이며 기다립니다

여러 차례 도움 비가 내리고
마침내 피어난 가지에
사랑의 열매가 열리면

행복에 열린 가슴으로
사랑하는 그대를 만나겠지요

마음이 떠나려 할 때

사랑함에 있어 얼마나 많은
사연을 담은 마음을 만들었을까?
깊은 고민을 하면서
하염없이 눈물을 흘려보내면서
가슴앓이로 멍이 들더라도
지키고 싶었던 그 무엇을 위해

마음 하나 잃어버려 생긴 갈등
무심히 넘겨 터지기 시작한 바늘구멍
물꼬를 타고 떠내려가는 마음은
걷잡을 수 없는 혼란으로 휘청거리고
시작점마저 어딘지 갈피도 못 잡는데

내 것이라 여겼던 모든 게 등을 돌려
우롱하듯 나에게서 멀어지고
더 이상 이해하려고 하지 않아
스스로 귀를 막고
일순간 소통의 문을 닫아걸면

영원할 거란 막연한 기대는
냉혹한 현실에 허상이 무너지고
버릴 수도 없는 마음이 떠나려 할 때
욕심으로 막아설 수도 없는
승복하는 패자의 담담함으로
시작하기 전 마음마저 보내야 하는 것을

만장대

오랜 역사를 품고
새로운 역사를 새긴 곳.
태산처럼 위협적이지 않으나
쉬이 범할 수 없는 곳.

떠오르는 해를 등에 지고
해넘이를 바라보며 쌓은 돌은
외유내강 위용을 지닐만하다

산을 품으려 쌓은 돌은 아닐진대
저 아래 낮은 곳도,
만 길의 높이도,
돌 품 안으로 품어 자리한다.

잠시 지나는 인생길
몇 번의 발걸음과 느낌으로,
유구한 세월 지녀온 뜻을
어찌 감히 헤아릴 수 있을까?

하늘이 있고,
땅이 모습을 버리지 않는 날까지
한 줄 안 줄 씌여진 역사는 영원하리라.

만추

밤새 몇 번의 뒤척임이 있고 나서
꿈에 젖은 영혼을 깨우는 새벽
땅 위엔 낙엽 솜이불이 두터워지고
살을 발라낸 나무는 뼈째 흔들리고 있다

바람은 낙엽을 굴려 길모퉁이에 가을을 묻고
갈 빛 향을 피워 떠나는 길 배웅하는
남긴 아쉬움을 긁어모아
마지막 제를 올리고 연기 따라 승천한다

야윈 나목처럼 발을 묻고 선 이는
두 눈 가득 넘쳐나는 그리움을
잎이 진자리 상처에 골고루 뿌리며
회상의 긴 그림자를 거두어들인다

기다림이 점점 힘겨워지고
해마다 같은 이름을 달고 오는 계절이
흐린 마음에 낯설게 느껴질 때
부서지는 낙엽을 몸뚱이에 덧발라
하늘을 바라보며 선 채로 나무가 된다

맨발 걷기

여러 갈래 놓인 길에
두터운 판을 깔고 걸어온 세월
하늘의 말은 마음으로 새겨듣고
바람의 말은 귀로 새겨듣고
땅의 말은 맨발로 새겨들어야 한다

준비하고 비워둔 자리에
부드러움이 닿으면 유순함을 익히고
단단함이 닿으면 담담함을 익히고
날카로움이 닿으면 민첩함을 익히고
파석이 닿으면 긴장감을 익힌다

뿌리 내려 하늘을 치솟는 나무처럼
땅의 향기를 뿜어 올려 피우는 꽃처럼
봄을 깨우는 새싹의 움츠림처럼
근원을 찾는 구도자의 모습으로
녹슨 빗장을 풀고 자연을 받아들여야 한다

3부
마음의 온도

메아리

가슴에 부딪는 그리움은
섬섬히 나래 달고 맴돌다
여러 번 울리며 부서진다

마음에 놓은 징검돌
헤일 수 없는 연민의 날
하나하나 두드려 울린다

잊히지 않기 위해
북받치는 서러움 누르며
텅 빈 가슴 치며 울린다

갈피갈피
가슴벽이 다 헤져
울림이 멈출 때까지

맷돌

담벼락에 비스듬히 기대어선 맷돌 하나
발목 가까이 풀들이 자라고
부러진 손잡이 사이로 닳은 관절이 드러난다

살며시 감은 눈 안쪽으로
지난 기억들이 스치듯 그려진다
왁자지껄 무리를 비켜 돌며
키 큰 석류에게도
키 작은 채송화에게도
흔드는 꼬리만큼이나 요란하게
짖어대는 강아지에게도
드르륵드르륵 늘 같은 소리로
말을 건네는 하루가 분주하다

어머니의 입담을 섞어 콩을 갈고
곡식을 빻아 끈적한 사랑을 부쳐낸다

담 넘어온 바람이 구름을 끌어내려
몇 차례 이마를 훔치면
흐르는 시간보다 빨리 돌아 앞서간 자리
갈라진 소반
귀가 터진 광주리
더 이상 곁을 지키며 마음을 퍼주는 이 없다

발소리도 숨소리도
고요한 뜨락에 묻혀
허전한 마음에 풀이 끼로 피어나고
이젠 고개조차 들 수도 없지만, 여전히
그 자리에 남아 말 없는 돌이 되어간다

모노드라마

인생은 모노드라마
각본 없이 연출도 없이
무대 위에 올려진 한 편의 논픽션

행복은 쏟아내는 독백으로
배경마다 돌며 뿌리고
두려움은 잊혀지는 상자에

스스로 알아가는 고독
관객이 원하는 단 하나
무대에 올라
자신이 주인공임을 밝히는 것

쏟아지는 조명을 밟으며
때론 나비가 때론 나무가
때론 초라한 나그네 되어

시간의 최면에
늙어감을 느끼지 못하는
그래서 드라마가 이어지는
무대는 여전히 각본이 없다

모래시계

간밤을 보낸 깊은 잠에서 돌아와
잠시 멈추었던 여행을 다시 시작하는 아침
창을 열고 세상을 받아들이는
습관처럼 길들여진 하루의 흐름은

전혀 느낌도 일깨움도 없는
시간에 의해 어디론가 이끌려가고
스스로 제동을 걸지 못한 채
다가오는 순간을 온몸으로 맞서야 한다

시작의 알림은 받았지만, 마지막은 알 수 없는
매일 똑같은 질문을 던지며
들리지도 않는 답을 기다리는 어리석은 구도자는
오늘이라는 우주 안에서 표류하고

수없이 반복되는 목마름을 견디며
얼마나 멀리 왔을까? 어디를 헤매고 있을까?
언제쯤 허락받은 시간에서 진정 자유로워져
현실 속에 미래를 보는 눈을 가지게 될까?

편견과 아집을 벗어들고 온전히 자신을 비우면
자연의 이치를 거스르지 않고
아래로 흐르는 모래처럼
한곳이 비워지면 다른 한 곳은 채워지는
지극히 단순한 순리를 깨칠 수 있을까?

몽돌 소나타

귀 기울여 봐
좀 더 가까이 숨소리도 죽여

들리지
몽돌의 하모니

높은음은 납작한 몽돌
낮은음은 통통한 몽돌이지

한낮엔 경쾌한 행진곡
달빛 뭉클한 밤엔 애절한 소야곡

연주자는 밀리고 쓸리는 파도야
우리는 팔 벌려 서서 지휘를 하지

경이롭지

마음을 따라가면
서로 다른 곡이 연주될 거야

무제

사람은 가도 사랑은 남는 것
정작 그리워하는 건
사랑이 아니라 떠난 사람입니다

함께 만든 사랑이
하나 되지 못하고 둘로 나뉘어
지워지지 않는 상처로 남아

시간이 흐르고
남겨진 사람이 사랑을 그리는 것보다
사랑이 떠난 사람을 더 보고파 합니다

살면서
만나지 말아야 하는 사랑은 없습니다
단지 만나지 못하는 사람만 있을 뿐

물들이는 이

하늘을 적시어 구름을 만들고
갈숲 사이 바람 일어
낙엽 속 고운 물 들이는

그늘을 비켜 햇살을 모아
아쉬움에 목이 메인
마른 그리움을 태우는

풀벌레 타는 음률에 이끌려
색단 갈아입은 계절이
낯익은 길을 나서는

눈웃음 짓는 눈썹달
미간 사이로 흐르는
따스한 별빛으로 물들이는

일 일여 삼추 기다리는
빈 마음 가득
단비 되어 촉촉이 스미는
잊을 수 없는 이 가을입니다

바다

구름을 벨 듯
초승달이 날을 세운 밤
검붉은 노을이
긴 발자욱을 남긴 바다에
부수어져 떨어진 별이 코발트 청으로 물들인 곳
외로이 빛을 잃은 빈 등대가 그림자로 서 있다

수평선
하늘을 잇는 출렁다리
둘이면서 처음부터 둘인 적 없는
닿을 수도 없는 운명
에로스의 활을 떠나
사랑을 찾아 나선 화살처럼
우주를 좌표 삼아 멈추지 않는 긴 여행을 한다

오래전 기억이었을까
열린 품에서 달아나온 곳이
여태 섬을 품고 있는 바다란 걸
모두는 언젠가 돌아가야 할 곳이란 걸

달의 이끌림
그 진한 인연
파도의 침묵도 달램도 성냄도

잘 지내냐는 안부였을까
빨리 돌아오라는 성화였을까

방황의 끝에선 탕아
눈동자 가득 물빛이 고여 우두커니 선 채
발목을 감싸는 물이
포근한 솜이불처럼 촉촉이 젖어온다

바라기

처음 그대를 보았을 때
나의 시선은 이미
내 것이 아니었습니다

그대 머릿결에 묶인 내 영혼이
고운 미소 따라 하늘거리고
코끝에 닿는 향기에 녹아들면
세상의 시간은 멈춘 듯합니다

전할 수 없는 마음에
바라보는 행복이 아픔이 되어도
부르는 기쁨이 슬픔이 되어도
시선을 멈출 수 없습니다

헤어짐을 알고 찾아든 그리움은
애써 날 감싸지만
그대 곁에 머물러 행복했던
기억들을 위로하진 못합니다

슬픔의 그림자가
땅거미에 가리우고
그대 기억 속에서 내가 잊혀져도
나의 시선은 지금도 그대를 향합니다

별

눈에 담기까지 얼마나 오래 기다렸을까
이렇게 보게 될 줄 알지 못하고
억겁의 시간을 돌린 후에야 만나는
기억보다 더 오래된 너를 별이라 부른다

태양이 널 숨긴 한낮에는
습관처럼 까맣게 잊어버리고
노을의 치맛자락에 어스름 딸리어 오면
애써 태연한 척 고개 들어 하늘을 본다

어쩔 줄 몰라 하는 나에게
젖내 풍기며 안아주는 어머니 품처럼
오늘도 어제같이 늘 그 자리에서
그리움을 물리고 온유하게 미소 짓는다

별이여
오히려 내가 기억으로 남을 존재여
아무리 애써도 아쉬움이 남는 삶을
보이진 않아도 어느 밤하늘 구석진 곳에서
그저 바라볼 수 있기를

보내는 계절

가을,
가을은 보내는 계절입니다
봄은 꽃을 맞고 여름은 푸름을 맞고
겨울은 눈부신 눈을 맞는

가슴에 가두었던 사랑을
아껴두었던 그리움을
눈물로 그렸던 추억을
잊혀지는 곳으로 보내는 계절입니다

밤새 창을 열어두고
어느 시간 어떤 모습으로 오는지
세상 숙련된 마음으로
모두 가져갈 당신을 기다립니다

보내는 쓸쓸함 속에서
가장 아름다울 때 떠나가는
한 걸음 기억의 끈이 멀어지는
뿌리째 승화하는 뒷모습을 봅니다

하늘의 허락이 있고
땅의 베풂을 받는 날
남기지 말고 미련 없이 보내야만
마음속에서 비로소 익는 가을입니다

보름달에는

보고파 하는 이는
보름달을 기다려
한 방울 한 방울 참아
눈물을 모읍니다

그리워하는 이는
보름달에게 보내려
한 자 한 자
애달픈 편지를 씁니다

볼 수는 있어도 닿을 수 없는
마음만이 허락된
자신만의 비밀번호가 있어
그 많은 사연들을
차곡차곡 보름달에 쌓아둡니다

그립고도 보고픈 이여
더 이상 그 이름 채울 곳 없어
달이 차는 날이면
유난히 반짝이는
별빛 되어 가슴에 떨어집니다

복권

꿈자리가 사나워 복권을 산다
행운이 가져다줄
칠요일의 짧은 행복을 위해서
첫날 잠을 설친 이른 시간에 산다

하루하루 늘어나는 기대
하루하루 줄어드는 행복
뻔한 결과를 알기에 허탈함은 덜하지만
애써 만든 행복을 포기할 수 없다

최면에 걸린 듯
다른 세상을 상상하며 가슴은 두근두근
뜻하지 않은 엔돌핀이
자아를 갉아먹어도

금액만큼의 행운을 사들이고
무엇인지도 모를 행복을 기다리는
어리석은 삶의 방관자가 되어
오늘도 낡은 영혼을 팔고 있다

봄 소리

눈도 깜박일 수 없이
꽁꽁 얼었던 겨울을 깨트리고
젖살 포동포동한
대지에 봄이 터지면
비켜선 창틈으로 속삭임이 들린다

갈라진 뱀 혓바닥처럼
새로 돋은 풀잎이
녹은 땅 위를 사각거리고
높은 가지에 걸린 바람
실실 웃음을 흘린다

삶이여 사랑이여
봄 소리 따라 등 뒤에서 나와
방음 막 뚫린 개울로 가자
졸졸졸 흐름 타고 봄 오는 곳 마중 가자

어딘들 다를까
그 소리 정겨운 곳
맨발로 반기는 봄 있으니

빗소리

가을에 내리는 비는
소리가 달라

낙엽 위에 떨어지는 소리는
토닥토닥
그리움을 속삭이듯 하고

창에 부딪히는 소리는
반가움에 발그레한 얼굴로
노크하듯 하고

받쳐 든 우산을 때리는 소리는
귓가에 숨결이
한 올 한 올 느껴지듯 하고

허술하게 열린 마음을
두드리는 소리는
아직 부르지 못한
미완성 세레나데 되어 들리는

늦은 가을에 내리는 비는
아쉬움에 긴 밤을 보낸
여릿여릿한 눈으로
흰 점을 찍으며 듣는다

사랑

가끔은 잠깐 멈추어 서서
뒤를 돌아다 보아야 한다

함께 간다고 생각한 사랑이
때론 지쳐 쉬고 있을지 모르니

지금은 서로를 마주 보아야 할 시간
너의 얼굴에서 나를 발견할 시간
내 모습 속에 너를 채워야 할
시간이어야 한다

영원할 거란 사랑의 수레가
언제 멈출지 모르니

둘이서 걷는 길에 남겨진
말 없는 발자국 하나
사랑을 가늠하는 의미가 되어
서로를 더 가까이 느껴야 한다

사랑을 지어낸 운명이
갈등의 모습을 보이면
일순간 우리를 외면할지 모르니

사랑은 병입니다

사랑은 치유될 수 없는 병입니다
시간이 지날수록 깊어가는
불치병입니다

이 황홀하고 고통스러운 유혹은
누구도 비껴갈 수 없는
외길에 놓인 덫입니다

운명을 핑계로 받아들인
맹목적으로 기다려온 사랑이
눈이 멀고 귀가 먹고서야
뒤늦게 병임을 알았습니다

견딜 수 없는 고통은 없고
아픔을 거부하는 고통도 없습니다

가끔
행복이란 치료를 받으며
마음을 긁어서 멍이 든
쓸쓸함을 위로받았습니다

볼 수도 만질 수도 없는
이미 알고 안아버린
사랑은 마지막이 없습니다

바다를 향한
깊고 어두운 자맥질을 견뎌야 하는
끊이지 않는 절박한 숨비소리처럼

사랑의 진실

처음부터
슬픈 사랑이란 없습니다

이루지 못한 야속함이
채워지지 않는 욕심에
부리는 투정일 뿐입니다

내 사랑 충실했나요
차마 용기가 없어 포기하나요
사랑은 두려운 게 아니에요

사랑 밭에
미움을 심지 말아요
미움은 썩지 않으니

적당히 가지를 치고
열매 맺으면

비워둔 마음 한켠에
소리 없이 눈이 쌓이듯
다져지며 쌓일 거예요

처음도 끝도 없는
사랑에 후회를 달지 말아요
사랑에는 뺄셈이 없으니까요

사랑이란?

다음 생을 기약하지 말아요
우리의 기억은
그리 오래가지 않아요

아쉬움은 사랑을 놓치지 않으려
힘주어 움켜쥔 고무줄입니다

슬픔은 사랑이 준 상처가 아니라
사랑이 받아내는 후유증 같은 것

사랑의 기쁨은
기다린 사랑을 만나서가 아니라
뒤늦게 참사랑을 깨달은 후란 것

형체가 없기에 그늘이 없는
소리가 없기에 요란하지 않은

가슴이 하는 불멸의 사랑은
다함이 없는
끝 모를 현재 진행형이니까요

사진 한 장

이기적인 욕심에
마음이 뒤엉켜 있을 때
매서운 눈으로
꾸짖는 사진 한 장 있습니다

가눌 수 없는 나의 슬픈 마음을
젖은 눈으로 위로해주는
다정한 사진 한 장 있습니다

분별이 흐려 판단을 주저할 때
신중한 눈빛으로
함께 고민하는 사진 한 장 있습니다

멍든 그리움으로 마음에
닿지 않는 사랑이 아파 휘청거릴 때
부드러운 눈웃음으로
안아주는 사진 한 장 있습니다

이 모두를 담고 있는
사진 한 장이 그대 모습입니다

삯바느질

마흔 고갯길
홀로인 세월을 등에 업고 마주한 세상
달려드는 두려운 현실 속
막막한 틈사이로 스민 아이들 얼굴은
잠시도 주저앉을 여유를 주질 않는다

서툰 말솜씨
몸에 배지 않은 무른 행동이
자신을 밀치고 무너뜨려도
당신 온기를 바라는 생각에
한숨 대신 힘주어 팔을 걷는다

고집스레 돌아앉은 자리
흘려보낸 세월만큼 망가진 무릎
닳아 패인 손톱
처진 눈꺼풀로
본을 뜨고 재봉틀을 돌리고
저고리는 쌀이 되고 치마는 생활이 되고

등굽은 그늘 아래로 모은 시선
바늘을 고르고 실을 꿰고
그렇게 한 땀 한 땀 지어낸 고운 비단도
어찌 눈으로만 안으신 당신보다 고울까

사랑의 긴 언덕을 쉼 없이 넘은
유월 어느 날
잡은 손 사이로 숨 꼬리 가늘게 들리고
더 이상 셀 수 없을 때 부름 따라 가신 어머니
또 다른 유월이 올 때까지 당신은
한평생 기억하고 품어 살아야 하는
깨지지 않는 나의 거울입니다

산다는 것

슬픔 하나 들여야지
상심이 부른
거친 숨소리의 의미를
아픔의 고통을 모르는
자만하는 행복한 마음속에

실망하나 들여야지
아쉬움의 한숨을
좌절의 고배를 모르는
타성에 젖어 만족하는 마음속에

눈물 하나 들여야지
날카로운 냉정함에
따스함을 잊어버리고
열정마저 다 타버린
메말라 갈라진 마음속에

가난하나 들여야지
주림이 무언지
베풂이 무언지 모르는
게으른 풍족함에 물든 마음속에

사람 하나 들여야지
나 다른 사람 하나
그래 들여야지 들여야지
사는 듯 보이는
사랑 없는 빈 마음속에

두레박 하나 들여야지
쉼 없이 솟구쳐 퍼 올릴
알 수도 끝도 모를
내 깊은 마음속 우물에

산막

숲 내음이 내어준 길 닿는 곳
풀섶 뉘이고 선 자그만 산막

수묵화 흘려놓은 산기슭
소곤소곤 계곡물이 흐르는

산새 소리 창틀에 걸려있고
빗소리 나무 지붕을 두드리는
세속에 젖은 영혼 널어두는 곳

바스락바스락
낙엽이 쓸고 간 오솔길 따라
숲을 닮은 나그네 찾아드는 곳

그늘진 바위틈 이끼
녹색 입김을 뿜어내고
바람이 일어 온몸을 적시는 곳

하루의 끄트머리 지나는 길목
베갯잇 적시는 푸른 잠꼬대
풀섶 뉘이고 선 자그만 산막

4부
여행과 길

상심

온종일 비바람이 몹시 불던 날
마음 한가운데 블랙홀이 생겼다

처음엔 지난 사소한 일상이
짧은 기억을 남기고 사라지더니

시나브로
사랑이라는 이름을 새겨 둔
추억의 페이지를 한 장 한 장 뜯기운다

멈추지 않고
보고 듣고 말하는 것까지
무참히 삼키려 해

잡아보려 가슴을 움켜쥐어도
그저 휘청거릴 뿐
빠른 속도로 마음은 점점 비어간다

스스로 원한
무소유의 자유가 아닌
맥없이 강탈당하듯

마지막 남은 영혼마저 빨려들면
중력은 풀려 원점으로 돌아가
상심의 문은 닫히려나

새벽이 올 때

새벽이 오는 길엔
쓸쓸함과 설렘이 함께 온다

어릴 적 들뜬 새벽은
한참 설렘이 먼저와 깨우고

젊은 날 맞는 새벽은
앞서거니 뒤서거니 나란히 온다

새벽보다 먼저 깬 황혼은
쓸쓸함을 안고 보이지 않는
설렘을 기다린다

설잠

밤새 울어대는 매미 소리
침대 속까지 침범한 더위
그렇게 평온해야 할 밤을
송두리째 빼앗기고 말았다

여러 번의 꿈과 현실을
오가며 지쳐갈 즈음
어둠에 웅크린
또 다른 새벽이 눈을 맞춘다

수척해진 얼굴로
맞이하는 아침이 부담스러워
창을 열지 못하고
등으로 방바닥을 뭉갠다

눅눅해진 천정에 시선으로
그려놓은 온갖 생각들이 돌면
걸터앉은 무릎에
새로운 하루를 태우고 일어선다

소나무

홀로 섰다 하여 외롭지 아니하고
바람에 흔들리지 않으려고 가진 바늘잎
낙엽의 계절에 쓸쓸함을 보이기 싫어
담홍색 유혹에도 잎을 떨구지 않는다

청아한 산새 소리에 이른 아침을 맞는
고요의 겉옷을 벗어 감은 눈 살며시
밤새 느린 숨결을 몰아
하품하듯 뱉어내는 상쾌한 공기

스스로 그늘을 만들지는 못하지만
해의 걸음에 시선이 따라가며
길어지고 짧아지는 모습을 성찰하는
참된 구도자의 표정으로 살아가는 삶

미리 넘겨짚는 불성실한 예측도
자아가 흔들리는 섣부른 판단도 하지 않는
고도한 기개로 후회 없는 삶을 살아
마지막 순간까지 푸르름을 잊지 않는다

수취인 없는 편지

사랑하는 그대여
이내 마음이
끝내 치유될 수 없는
병에 걸리고 말았습니다

오랫동안 혼잣말과 생각으로
영혼은 길을 잃어 끝없는 방황을 하고
들을 리 없는 고독한 외침은
이처럼 병이 되어
돌아올 줄 몰랐습니다

부를 수는 있어도 대답이 없고
볼 수는 있어도 만질 수 없는
사랑 너머의 사랑이
혼자만의 사랑인가요

하지만 그대여
지독한 그리움에
견디기 힘든 아픔 속에서도 행복하였음은
한없이 흐르는 눈물이 말해줍니다

가슴에 고인 눈물이 마르고
마음에 평화가 찾아오면 다시 한번
그대 이름을 부르겠습니다
그대의 넋을 부르겠습니다

숙녀에게

고독이 빚어낸 이 계절엔
여인들이 아름다워 진다

노랗게 염색하고
거리를 활보하는

온통 검붉게 치장하고
유혹의 미소를 흘리는

알록달록 흔들 때마다
조금씩 나신을 드러내는

방방곡곡 일제히 나선 나들이
쉬이 지워지지 않을 체취는

만남이 길지 않아도
가슴에 오래 남는

깊은 곳 감성을 우려내는
단풍 진 너는 고운 가을 숙녀다

슬픔의 미로

너무 외면하며 살았어
모른 척하면 잊혀질거라 생각하면서

애써 흔적을 지우고 길을 막았지만
안쓰러운 시선으로 주위를 맴도는 너

준비되지 않은 두려움으로
매번 존재를 부정하며 등을 돌렸지

선잠 깨는 이른 새벽에도
하늘이 내려앉은 청명한 오후에도
은하수 물결 꿈 따라 흐르는 한 밤에도

숨은 곳에서 내민 손
몇 번을 머뭇거리다 다가서면
온기 잃은 너의 미소가 느껴지고

처음부터 함께한 평행적 관계
피할 수도 거부할 수도 없는
그렇게 외길에서 만난
이 슬픔은 출구가 없다

시간의 미늘

세월이라는 바다에 던져진 시간
누군가 구동축을 움직여
서서히 시간은 꿈틀거리고
멈추지 않는 먼 여행이 시작된다

빠르고 느린 기준치가 없는
일정한 흐름을 유지한 채
앞으로 앞으로 나아가
옆구리에 매단 미늘에 세상 것 걸린다

일말의 여유도 비고란도 불허하고
냉전의 진리를 향해 전진하는
거스를 수 없는 엄중한 힘
머묾은 곧 소멸을 의미한다

생명이 있든 생명이 없든
원하든 원하지 않든
존재하는 바다에 던져진 이상
거부할 수도 벗어날 수도
모른 척 외면할 수도 없다

미늘에 걸린 이상
앞서지도 머뭇거릴 수도 없다

오로지 끌려가는 듯 보이지 않게
태연하게 맞춰 따라가야만 한다

굳이 운명이란 핑계를 댈 필요도
한 치 차이로 우쭐댈 필요도 없다
가야 할 설정된 목적지는 알 수 없기에
찢기고 때론 표류하는 험난한 여행으로
단지 언제 어디에 다다를지 기다릴 뿐

시장 골목

거친 벌판을 유랑하다 돌아온 찬바람이
겨울을 등에 업고 들어서는 시장 골목에는
세파에 찌든 삶을 한 점 한 점 떼어내어
곰 삭히며 끓이는 해장국 집이 있다

스치는 그 많은 세월을 부여잡느라
손등은 밭고랑일 듯 파이고
가마솥 열기에 고왔던 피부는 황량해져
돌보지 못한 자신을 감추려 가면을 쓴듯하다

온종일 오가는 인생에게 숟가락을 놓고
젓가락을 놓고 때론 목구멍을 맴도는
무게를 알 수 없는 마른 웃음도 내놓는다

흔들리는 전등 아래 그림자 춤을 추는
흙벽에 기대어 목로에 턱 괴고 앉은 단골손님
국물 한 모금에 단숨에 삼킨 쓰디쓴 소주 한 잔은
하루를 어떻게 지냈는지 찌푸린 인상이 대변하고
토해내는 단발마는 하소연처럼 들린다

겨울이 오면 시장 골목은
시간을 더듬어 추억을 올곧게 발라내고
창틀 가득 풍기는 향내는 더욱더 짙어져
수수한 잔정이 뿜는 온기에 이끌려
오늘도 가마솥 가까이 인생을 끌어당긴다

시장에 가면

시장에 가면
어머니가 참 많다

냉이며 쑥이며 직접 기른 상추를
한 뼘 소쿠리에 담아 바닥에 깔고
주름진 웃음을 짓는 어머니

물먹은 나무상자엔
열 지은 고등어며 얼린 오징어를
늘어놓고 손님을 부르며 휘젓는 손짓에
비린내를 풍기는 어머니

뒷마당 잘 익은 예쁜 홍시
바람을 담은 삼층 탑을 쌓아
단내나는 정을 파는 어머니

각양각색의 자투리 천 조각을
알록달록 정성껏 짜깁기 한
여러 활용도의 조각보들을
고운 마음을 버무려 파는 어머니

오늘도
시장에 가면
억척같은 사랑으로 우리를 키워낸
삶을 팔고 있는 어머니가 있다

신부에게

아름다워지려 오월을 기다렸을까
이미 기다린 만큼 아름다운 것을
꽃향기에 취해 사랑을 찾았을까
사랑 때문에 벌써 꽃이 핀 것을
행복 하고파 서둘렀을까
등 뒤에서 행복은 늘 따르는 것을

신부여
품는 웃음을 잃지 말고
터지는 울음을 거부 말며
진 세월에 또다시 세월이 가도
처음의 느낌
그 설레임
그 소중함을 가슴 깊이
기억해야 한다는 것을

신부여
오월이 저만치 간만큼
사랑이 온다는 것을

아! 그리움 인가

사랑이 빠져나가고 있다
바람이 불지도 않았는데

구르고 달려 한데 뭉친다
닿는 곳 정하지도 않았는데
말없이 흘러

바람이 일러준 길을 찾아간다
무엇에 끌려가는지도 모르면서
부지불식 낯선 곳으로

흔적은 사라지고 기억은 남는다
지난날 못다 한 얘기는
갈색 탁자에 쌓여만 가는데

산 중턱에 머문 목소리를 잃은 메아리
밤새 헛기침 쏟아내며
동트기 전 산에서 내려가려 한다

가만 눈감아 잊으려야 잊지 못하고
목놓아 보고파 부르는 사랑이
아! 그리움인가

아름다운 재회

작은 키 비쩍 마른 사내아이
어린 아카시아 곁에 서서
한줄기 여린 잎을 따다
홀 짝 홀 짝 세며 떼어내는 놀이
배시시 웃음이 첫 만남이 된다

잎이 무성해지고
놀이가 싫증이 날 때 즈음
시들해진 잎은 떨어져 사라지고
긴 침묵으로 서로를 닮아
또다시 새로운 잎을 기다린다

바람의 곁눈질로 잎은 날고
떼어낸 잎만큼 세월이 흘러
아카시아 그늘은 넓게 퍼지고
더 이상 잎이 손에 닿지 않을 때
아이는 보이지 않는다

오늘도 돋는 잎 사이
처음 만난 날을 기억해 꽃을 피우고
그리운 마음에 꽃물을 흘려
같은 자리 같은 모습으로
변함없는 기다림을 알린다

봄길 따라 찾아올 아이를 위해
동구 밖 길섶에 드문드문 묻어둔 추억
아지랑이로 길을 만들어
하얀 향기 길게 내려 마중 나가면
저 멀리 백발의 아이가 힘겹게 손을 흔든다

애상

우산꽂이 통 구석진 자리에
비스듬히 기대선 우산 하나
꺾인 우산살 관절이 드러나
제자리에 꽂히지도 못한 채 있다

오랜 세월 누군가와
빗길을 함께 걸었을 테고
눈부신 날엔 따가운
햇볕도 가렸을 테고
바람을 견디다 못해 뒤집혀도
곁을 지키려 했을 테지
때론 말벗도 되면서

무심한 세월에 낡고 찢기우며
지키려 했던 본분이
위로받기는커녕 외면당하고
구석진 자리로 내몰렸다

예전처럼 비 오는 날이면
행여나 기억하여
찾아오는 이 있을까
시린 관절을 쓰담쓰담 주무른다

애정공식

정갈한 옷매무새
마음을 가다듬어
첫 숨을 쉬는 맑은 밥물을 준비한다

하얀 속살을 감싼 가마솥
부뚜막 언저리에 눌러앉아
설레는 맘으로 기다린다

허공에 한점 불꽃이 일어
점점 데워지는 열기
아궁이 속 불사르는 열정은
단 한 번의 선택을 그르치지 않으려
결코 서두르지 않는다

숨 막힐 듯 팽창하는
터질 듯 가늠 수 없는 벅찬 희열
산등성마루에 다다를 즈음

느린 걸음으로 정점을 돌아
멎은 듯
식어가는 듯
그렇게 사랑은 뜸이 들어간다

천천히 아주 천천히

어떤 기다림

마을 어귀 더 이상 버스가
다니지 않는 먼지 낀 벤치에
흰머리를 인 노인이 앉아있다

흐릿해진 눈동자 속에
허우적대는 지난날이 한 편의
파노라마처럼 스치듯 펼쳐진다

어린 시절 설렘의 원탁을 돌며
신기에 혼을 팔아
무작정 달려가기도 하고

공간 속 시간의 조각들을 찾아
퍼즐을 완성하듯 끼워 맞추는
젊은 날 꿈의 궁전을 위해
또 다른 시간을 맞는다

보다 많은 시간이 필요하기에
기다림이 아까워 찾아 나서기도 하고
때로는 다그치는 조바심을 보이기도 한다

흐물흐물해진 세월 속에
마침내 자화상이 그려지고
맞대는 모습에서 설핏 미소가 비칠 때

굽은 등 돌아앉은 자리에서
저만치 느릿느릿 절며 오는 세월과 함께
지난 이야기를 마친 자신을 태우고 갈
마지막 버스를 기다린다

여행과 길

오래전 길 따라 나선 길
아니 올 듯 송두리째 싸든 마음
일렁이는 미묘한 두려움을
끌리는 설렘으로 내디딘다

시작과 끝은 등을 돌리고 있을 뿐
늘 같은 자리거늘
어차피 되돌아올 길을
홀린 표정으로
무엇을 찾으러 떠나는 것일까

유혹하듯 속삭이는 바람도
재촉하듯 머물지 않는 강물도
주절주절 넋두리로
어느새 길동무가 되고

모래톱에 흘린 눈물 한 방울
먼 곳 파도를 불러들이면
발가락 사이로
삶의 조각들이 쓸려가고

늙지 않는 시간을 빌어
껍데기에 저민 영혼을 안고

슬그머니 들인 발에 세상 모든 것이
변해가고 사라지고 잊혀지고

고개를 들어도
보이지 않을 만큼의 세월이 지나
나이 든 영혼이 육체를 버릴 때
무너뜨리기 위한 탑에
마지막 돌을 올릴 때
여전히 여행은 길 위에 있고
길은 내게로 이어진다

외로운 길을 걷다

문단에 드는 날
얼을 흔드는 혼란 속에
폐부를 찌르는 고통이 찾아왔습니다

그저 쓰여짐이 좋아 펜을 굴리고
찾는다는 즐거운 매력은
막히고 무너져도 멈출 수 없었습니다

외로우면 그러할수록 혼자가 되고
목메이면 그러할수록 서럽게 울었습니다

눈을 뜨고도 보지 못하는
맡아도 향을 느끼지 못하는
찢기어 너덜대는 퍼즐 조각처럼

가지를 그리고 잎을 그리고
색을 불어넣어 나무라 했음은
뿌리가 부끄러워 감추었기 때문입니다

두려운 변화는 이미 주검이었고
맞서는 변화는 살고자 함이기에
마음의 빗장을 열고 다시 일어섭니다

이제 뿌리를 보고 나무라 말하고
끝 모를 길을 홀로 가야만 하는
드러나지 않는 고통마저 견뎌야 하는
겸허히 허락받은 길을 시작합니다

우울한 하루

나무에서 가을이 떨어진다
잔바람에 울다가 웃다가 굴러간다

저 멀리 하늘이 달아난 빈공간에
그리다 만 그리움이 채워지면
바스락바스락
가을의 비명을 들으며 걷는 길
저물어 가는 하루가 우울하다

까마귀 검은 울음 흘리던 은행나무가
밤새 청춘을 빼앗긴 채 늙어가고

그림자 길어지는 시간
잡힐 듯 미끄러지는 손끝에서
다시 가을이 떨어진다

유월의 시

유월 어느 날
꽃 지나간 자리에 시를 심는 날
꽃무덤으로 북을 돋우고
남은 향기로 시비를 넣는다

시간을 쌓아 울타리를 짓고
바람을 굴려 이랑을 만든다

기다림은 숭고한 것
오로지 단 한 번뿐 임을
값진 그 진실을
가장 어리석은 순간에야 안다

침묵의 언어를 품은 자리
새벽이슬에 젖어 꿈틀거리는
그래서 참았던 눈물을 쏟는

하늘 익는 시월이면
유월을 보낸 그 자리에
열매 달은 새 꽃을 피우리라

이 계절은 나에게

이 계절은 나에게
사랑을 떠나라 말하지 않았네
그 흔한 아름다움을
송두리째 빼앗긴 채
거리를 배회할 줄 몰랐을 뿐

이 계절은 나에게
쓸쓸함을 주지 않았네
여백 없는 냉정함이
한 점 바람이 탐이나
쥐었던 마음을 놓쳤을 뿐

이 계절은 나에게
그리움을 주지 않았네
영원의 시간에 홀리어
사랑한단 말 한마디 못하고
울어야 할 기회를 잃었을 뿐

나에게 이 계절은
너무도 아름다운 유혹으로 남아
모든 것 잃고도 슬프지 않은
오랫토록 방황하다
처음으로 돌아가는 길목이었네

이른 새벽

어둠은 아직 뜬눈이고
찬바람 지나는 길가
가로등은 파르르 떨고 있다

누군가 부른 새벽
인기척 없는 해반천에서
대신 맞는다

야금야금
나무가 어둠을 갉아
산 어깨 사이로 동이 트면
새벽은 쓰러진다

짙은 안갯속 갈겨 쓴 편지글이
햇살에 녹아 비스듬히 기운
빨간 우체통에 담기고

돌아서는
해반천 끝자락에서
누군가 새벽을 찾는다

임마중

귀뚜리 울음소리 가을 길 열리온 밤
초롱불 외 그림자 임마중 앞서가니
사무친 그리운 얼굴 달빛 아래 비친다

반기며 달려가니 달빛은 멈춰서고
임 얼굴 보려다가 돌아서 훔친 눈물
서러운 발자국 소리 가슴 깊이 울린다

잠에 관한 보고서 (수필)

매일 밤 모두는 예정된 죽음을 위해 장소를 가리지 않고 스스로 잠자리에 들어 죽는 경험을 한다. 사는 동안 보다 잘 살아있기 위해 독을 써서 독을 치료하듯 이 과정을 거부하지 않고 반복한다. 찾아야 할 기억의 흔적을 더듬어 잠들기 전 영혼 따로 육신 따로 가려놓고 피해갈 수 없는 죽음의 예식을 통해 삶의 참모습을 찾으려 한다. 이성은 존재함을 잊어버리고 의식이 껍데기를 벗어나면 피안의 문이 열리어 비로소 정화된 자유를 맞는다. 지상의 모든 사물, 감정을 표현하던 어떠한 행위들로부터 조용히 눈을 감고 늘어선 사고의 방을 차례차례 닫아걸고 원하든 원하지 않든 잠깐 동안 현실을 떠나야 하는 냉혹한 망각의 시간을 숭고히 받아들여야 한다. 불완전한 생명체로 태어나 잠의 뒤편에 숨겨진 반쪽을 찾아야 하는 운명, 누구 하나 동행하지 않는 고독한 여정 오늘이 생의 마지막 경험일지도 모르니 혹여, 내일의 기대는 하지 말고, 얕은 희망도 가지지 말며, 일말의 후회가 없도록 충실히 임해야 한다. 하루하루를 거치며 찾으려 노력한 길은 결코 헛되이 보낸 것이 아닌, 지나온 만큼 확실히 가까워졌음을 알고 받아들이며 나머지 반쪽을 회복하기 위해 잠에 묶인 끈을 잘 풀어야 할 것이다.

제야의 종

한 해를 열고 닫는 종소리
닫음의 울림이 열리므로 이어져
반성이 되고 희망이 된다

야음을 틈타 이루어지는
그 비밀스럽고 신성한 의식
소리는 받고 정신은 보낸다

귀로 듣고
떨림은 눈으로
울림은 심장으로
여운은 머리에 남는다

삼백하고도 예순 닷 세
이날을 기다려 살아온 날이
제다 여기 모여
새로운 삶의 번호표를 뽑는다

종소리 멎고
고요 속에 숨소리도 멎고
흔들린 움직임마저 멈추면
종탑 정수리를 돌던 넋이
비로소 나로 돌아온다

5부
풍경 소리

지우개

처음엔
하얀 백지가 늘 불만이었지
여기저기 찍어대며
글을 새기고 색을 입히고
인연을 그려 넣었지

좌충우돌
점차 갈등이 생기고
기쁨과 슬픔이 다투고
희열과 고통이 끝내
타협이 안 되는

충격의 흔적은
고스란히 등지고 있던
늙음으로 이어져

여백의 끝
까치발 한 채로
남은 힘 쏟아부어
불끈 거머쥐고

눈 아래부터
하나둘씩
다 지우고 나니
다시 하얀 백지
마음이 한결 편해진 거야

찬 이슬 내리면

풀벌레 새벽잠에
사리 살짝 내린 찬 이슬로
몸단장을 마친
맨드라미가 내뿜는 여유

햇살은 가볍게 날아와
내 작은 뜰을 쓸고
지난 가을에 심은 그리움이
싹을 틔우는 아침

기억을 벗고
더없이 가난해진 마음에
추억을 두르는
계절이 있어 사랑스러운

만나지 않아도 설레고
들리지 않아도 두근거리는
존재만으로 느끼는 행복으로

시리도록 맑은
찬 이슬을 걷어
한 겹 한 겹
가을을 입으며 걷는다

천국의 계단

나는 보았네
낮은 곳에서 높은 곳으로 오르는
편도행 계단을
삶의 행적을 등에 진 채 이어진 끝없는 행렬
행렬에 끼지 못하고 사라져버린 무수한 영혼들
점차 비어 가는 저 아래 세상을

나는 들었네
아름다움에 감탄하는 소리를
비겁함을 질러대는 아우성을
천싱의 소리는 눈에 귀에 가슴에 들리고
나락의 소리는 눈을 귀를 가슴을 멀게 했네

오늘이 등 돌린 어제에
오늘이 불안한 내일에
어리석음에 가린 눈을 뜨게 하고
선택의 기회를 주었다고 말했네

나는 알았네
어디서 왔는지
무엇을 위해 왔는지 모르지만
어디에 서야 할지

천사의 나팔

천사의 나팔을 본 적 있나요?
항상 은빛 찬란한 아름다운,
범접하기 어려운 눈부심이던가요?
아님, 오랜 세월을 간직한
그냥 평범한 낡은 나팔이던가요?

천사의 나팔 소리를 들은 적 있나요?
누추한 영혼이 정화되어
천상에 초대받은 듯 황홀하던가요?
아님, 이름 모를 골목에서 들리는
지친 삶의 덧없는 아우성 이던가요?

이 세상 순례길에 시작을 알리는,
언젠가 돌아가야 할 시간을 알리는,
아침엔 맑은 눈으로
밤엔 섬세한 귀로 느끼려하는,
바른길 돌보는 영혼에 연결된 소리

하지만, 애써 찾으려 하지 말아요
천사의 나팔을 본 적, 들은 적 없어도
이미, 우리는 천사의 가슴으로
불며, 때론 들으며 살아가니까요

청춘

빌려 쓸 땐
돌려줘야 한다는 걸 몰랐지

아름답고 소중한
시절의 향기

취하며 즐길 땐
영원할 줄 알았지

어느 순간
수없이 속삭이며 지나간 세월

기회를 놓쳤을 땐
이미 넌 저만치 멀어졌지

키핑 카페

언제였을까
처음 서툰 사랑을 시작으로
마음속에 고이는 그때 기억을
하나둘 묶기 시작한 것이

사랑이 남긴 아픔의 미리내
작은 가슴으로는
차마 품지 못해 맡겨둔 곳

장맛비 구성진 오후
추억이 키핑되는 카페에 들러
여운이 묻어있는 술잔에
한잔 가득 채워 마시면

잊었던 시간을 거슬러
온몸 가득 진한 그리움이 퍼진다

파수꾼의 새벽

발목을 묶었던 긴 어둠의 올가미를 풀고
이리저리 바지런히 새벽에 묻은 때를 걷어낸다
존재를 밝히는 형광 조끼
종횡으로 버티고 선 바퀴
비의 지휘 아래 한 몸 되어 움직인다

몸을 휘감는 한 줄 바람이 일어
켜켜이 쌓인 어둠의 껍질이 하나둘 벗겨지면
지난밤 방황과 함께
벗어 던진 허물을 쓸어 담은 수레는
삐거덕삐거덕 밤의 그림자를 밟으며 구른다

바닥을 맞대선 묵언 수행자
그 뒤를 아는 듯 고개를 끄덕이며
따르는 비운의 비둘기가
먼지 낀 어둠을 쓸어 하늘이 열리고 새벽이 오면
거리는 제모습을 찾아
또 다른 하루가 시작된다

누구 하나 감사해하지도
응원하지도 않는 그저 길 위에 선 한 사람
살갗이 달아올라 눌어붙을 더위에도
감싸도 에일 듯 찢기울 추위에도
오늘도 해거름의 끝을 밟고
삶의 흔적을 찾아 모자를 눌러 선다

푸른 산책

정수리까지 홑이불을
뒤집어쓴 산
욱일 맞아 천천히 걸어 올린다

부스스한 머리카락
바람이 쓸어내리고
한 번 기지개로
밤새 참았던 숨을 몰아쉰다

혼을 다스리는 새벽공기
일제히 내뿜는 피톤치드
부르지 않아도 나선 길
가르마 타고 올라 능선에 닿는다

하늘이 먼저와 반갑게 맞는 곳
언제나 그 자리를 지키는
변함없는 네가 있어
오늘 하루도 덤으로 살아간다

풀냄새의 기억

새벽이슬 받아 갈증 없이 물을 머금고
풍요로운 햇살을 받아 여름을 만끽하며
부는 바람에 몸 실어 일렁이는 저 들판의 풀잎

시선을 끄는 화려함도 멋들어진 자태도
하나쯤 가질법한 황홀한 향기도 없는
그저 바람에 비벼대는 맨살의 냄새뿐

바늘 틈만 있어도 살 터를 잡는
허공을 떠다니는 습기만으로 충분한
하늘 아래 욕심이란 모르고 사는 삶

계절을 알고 찾아드는 곤충들의 보금자리
때로는 더없는 놀이터가 되고
포근히 감싸는 어미의 품이 되어주는

어느 하루 또 다른 결실의 계절을 맞아
이젠 자리를 내어줘야 할 시간
날카로운 회전판에 잘려 나간 몸에서
피를 토하듯 풍기는 냄새는
오래전 잊었던 내가 떠나온 곳에서 맡은

풀의 단상(수필)

　갈피를 못 잡고 헤매던 생각이 서로 엉켜버려 제자리를 맴돌면 잠시 멈춘 버튼을 누르고 뒷마당 풀이 주역인 양 자라있는 텃밭에 나간다. 이곳이 밭인지 초원인지 분간하기 어려운, 둔덕 언저리에 자리 잡고 앉아 진초록 생김새가 다른 불청객을 후린 눈으로 물끄러미 쳐다본다. 여러 종류의 풀들이 머릿속 생각처럼 빈 땅이 보이지 않을 만큼 빽빽하다. 얕게 뿌리를 내린 것, 여러 곳 동시에 뿌리를 내린 것, 손이 베일 수 있는 날카로운 것, 이를 앙물어야 뽑혀 나올 것, 나름 질서 있게 파묻혀 자리를 지키고 있다. 이미 시야를 점령하고 머릿속에 뿌리내린 풀 얕은 뿌리를 뽑으면 가벼운 고민거리가 사라지고, 동시에 내린 뿌리를 뽑으면 꼬리를 물고 늘어진 끝이지 않는 생각이 정리가 되고, 날카로운 풀을 뽑으면 예민하게 머리를 파고드는 도전적인 생각이 무뎌지고, 깊이 내린 뿌리는 머릿속 무거운 생각을 깊은 마음속 속 불을 끌어올려 단숨에 뿌리째 뽑는다. 마음에 뿌려진 잡다한 생각을 걸러내는 일은 잡초가 자라듯 끝이지 않는 것, 이 모두가 단순하게 반복되는 사소한 일이지만 끝임없이 자신을 정화시키고 새로이 다듬는 시간이 된다. 섭리에 대한 순응, 때를 기다리고 현명한 판단으로 가려서 뽑아내는 여백의 지혜가 필요하다. 진정 채워야 하는 건 보이는 것이 아니므로

풍경소리

산의 숨골을 빌려
하늘지붕을 이고 녹음으로 담을 치고
깊은 뜻 품어 앉아 암자라 하였나

파릇한 구김 없는 승복
삶을 알기 전에 숨 먼저 쉬어야 하듯
언제나 시작이 중함을 알기에
시간에 추를 달고 느림의 속성을 익힌다

서둘러 놓쳤던
미처 보지 못했던 어리석음은
결국 같은 곳에서 만나서야 깨닫고
흐름을 견주어 가야 하는 수양은
제 난 곳을 찾는다

길게 흘린 목탁 소리
암자를 파묻고 산을 송두리째 감싸
흩어놓은 삼라만상
더 이상 존재를 잃어버리면

고요도 멎은 면벽 자리
화두를 마지막으로 읊조인 노스님
살에 붙은 승복으로 성불에 드는 날
묵언 수행하던 풍경은 비로소 소리하리라

피에타

한없는 슬픔을 안았을까
나락의 절망을 안았을까
사랑의 극치를 안았을까

초라한 주검을 보는 걸까
부활의 영광을 보는 걸까

사람의 고통을 느꼈을까
신적인 포용을 느꼈을까

아무 걱정 말라는 말이었을까
모든 걸 따르겠다는 말이었을까

그 눈물이 모두를 울리는 건
뒤늦게 깨달은 어리석음 때문이리

하나 됨을 위하여

샹들리에 불빛이
비되어 내리는 웨딩홀

한 시선으로 축복을
가슴 가득 안은 두 사람
두 눈에 맺힌 감동을 시작으로
행복은 둘을 하나로 만든다

활짝 열린 문으로
먼 길 사랑이 들고
박수 소리 건너건너
두 영혼에게 안겨든다

울리는 축가는
미래를 그리게 하고
눈가엔 바램으로 촉촉이 젖어간다

내어준 품 안에 꼭 안긴 두 사람
사랑한다
잘살아야 한다
말없이 등만 토닥토닥 거린다

꾸벅 다짐절을 뒤로하고
시선을 세우고 행진
발아래 웅크린 시련, 절망, 갈등
모두를 누르고 걸어간다

두 손 꼭 잡은 채

하나이기에

하나이기에
만날 수밖에 없는 운명
오랜 기다림은 시간의 벽을 타고
또 다른 하나로 이어진다

고운 단풍물 두 볼에 띄우고
잡은 손등 위로 흰 눈 녹으면
사랑은 스미어 입가를 당긴다

나를 잊음에 네가 보이고
마주 봄에 등을 안을 수 있는
행복은 먼 길을 달려와 눈을 적신다

하나이기에
행복한 하나이기에

하늘 연달 끝에

하늘 연달 시월이
이제 아쉬움에 문을
닫으려 합니다

서둘러 못다 한 고백을
해야 합니다

절정에 달한 사랑을
놓치기 전에

아무런 이유 없이
눈물 나는
영혼을 보아야 합니다

변하고 잊혀지는 자신을
모른 척하기 전에

기억해야 합니다
이 순간을 오래전부터
기다렸다는 것을

해반천

물을 쓸어 물길을 트고
시간을 쓸어 가야의 길보다 먼저
해반천이 흐른다

바다로 쓸린 물이
다시 뭍으로 타고 온 길

길게 늘어진 도시의 그림자가
황후의 길을 따라
마중 나간 삼십 리

구지가는 언덕을 굴러 물에 들고
봉황이 내려앉은 바위는
그날의 기억이 천연하다

부끄럼 없이 감히 멱감던 도랑이
오랜 시간이 묻어둔 큰 강이었음을
여태 흐름을 보고서야 알 듯하다

뿌리로 더듬는 노란 어리연꽃
수경 속 푸르디푸른 하늘
졸졸졸 이야기를 이어가는

가야의 시작이요
가야의 중심되는
끊이지 않는 물줄기여

행복에 대한 짧은 생각

지금 행복하다면 뒤돌아보지 마십시오
당신을 따르는 불행의 손끝에 채일지도 모르니
앞만 보며 순탄하게 걸어야 할 길
등 뒤로 남겨지는 잡힐 것 같은 아쉬움에
현혹되지 말고 미련 없이 잊어버려야 합니다

지나간 일에 마음을 빼앗기면
싫으나 좋으나 후회가 따르고
겪는 횟수가 늘어날수록 삶은 지쳐가고
결국 더 이상 나아가지 못해 행복을 잃어버립니다

우리가 가끔 만나게 되는 행복은
내 것인 양 소유할 수 있는 게 아니라
잠시 잠깐 피부로 호흡으로 뇌로 느낄 뿐
항상 머무르는 존재가 아닙니다

처음부터 행복을 찾아 나선 순례길에
언제 어디서 어떤 모습으로 만나게 될지 모르니
비워둔 마음 한 켠에 자연스럽게 들 수 있게
정결한 생각으로 늘 깨어 있어야 합니다

삶을 영위하는 동안 몇 번의 기회가 있을지
알 수 없고 얼마나 깊은 느낌일지도 모르는
행복이라는 최고의 선물을 가슴에 품은 채
어느 순간, 이 순례를 끝낼지 모르니까요

행복은

구름이 비켜선
푸르디푸른 가을 하늘가엔
낙엽 지는 순간을 기다려
두 눈 촉촉이 적시는 행복이 있습니다

깊이 바라보는 푸른 하늘
분명 어딘가에 있을 행복을 찾아
남아있는 시간을 모아
닿지 않는 시선을 오래도록 보냅니다

조각나 상처받은 행복이
별 사이사이 흩어진 밤하늘
묵은 침묵으로 감싸는
희미하게 속삭이는 목소리

그래요. 이제야 알았습니다
눈으로 찾고
마음으로 볼 수 있다는 것을

행복하려면

오늘 처음으로
꽃에게 먼저 웃어 보였다

항상 웃는 줄만 알았는데
고개 떨군 우울한 모습에
키를 맞추어 살짝 웃어 보였다

보기만 하던 내가 보여준 순간
꽃은 꽃대를 세워 반기고
꽃술을 한껏 드러내며 화답한다

먼저 내밀면 행복하다는 걸
처음부터 웃음으로 표현했건만
왜 이제야 안 걸까

마주한 시간 동안 내 조그만 정원엔
웃음이 소복소복 쌓인다
여름 내내

향수

시골집 뒷마당
반쯤 허물어진 담벼락 사이
늙은 감나무 한그루
몇 알 남은 감이
높은 하늘 쌘비구름을 동경해
홍시 되어 떨어진다

새벽을 안고 산에서 내려온 안개가
구석구석 다니며 아침을 씻기우고
구르지 못하는 돌 틈을 비켜
풀잎에 머물러 이슬로 남는다

머리 가까운 하늬바람
개구장이 뛰놀다 사라진 자리
곳곳 숨겨둔
추억을 들추는 술래놀이에
덩달아 깔깔대며 코스모스가 핀다

섬돌 위 낡은 고무신 두 짝
이미 텃밭을 향해 머리를 돌리고
숨소리도 숨은 좁은 방
탁탁 소반 접는 소리 들린다

사랫 길 따라 찾아든 길손
솟대 위 까치는 반갑다 아니 울까
버선발로 나선 걸음
말보다 먼저 미소가 마중 나간다

호수의 달

풀벌레 울음조차 멎은 밤
호수에 젖은 달을 걷어와
창에 걸어둡니다

숨소리 귓가에 가까운 방안이
어둠을 밀어내고
금세 환해질 거예요

좁은 숲 사이
별빛이 힘겹게 다다른 길목에 서서
오늘도 당신을 기다립니다

보내신 편지는
손에서 다 해져 글자를 잃었지만
지금도 입안에서 맴돕니다

할 수 있는 건
하루하루 그리움을 엮어
빛이 다할 때까지
창가에 쌓아두고 바라볼 뿐

소나기 지나고
얼음이 풀린 호숫가에
예전과 닮은 달이 내리면
그날처럼 나는

화포천

화포천 습지
발을 담근 갈대 잔가지에
걸린 겨울이 바람 울음을 운다

웅덩이를 둘러앉은 철새무리
발아래 살얼음이 잡히면
습지는 겨울을 준비한다

보이지 않는 생명을 보는가
들리지 않는 움츠림을 느끼는가
습지는 고요 속에 분주하고
겨울은 굽은 등을 편다

화포천
삶의 신비여
생명의 거룩함이여
너의 미세한 떨림이 우주를 만든다

황혼

해 질 무렵 바다에 빠진 노을이
젖은 발자욱을 남기며 서산을 넘을 때
지친 그림자를 접으며
끌려가듯 절며 뒤따르는 나그네

오래전,
바다 그 푸름은
언제나 먼저와 감동을 안겨줄
낭만의 조각보를 깔고
수줍은 노을을 기다리는 곳

바위에 푸른 멍이 든 파도
부서지는 윤슬의 눈부심이
청아한 두 눈에 넘쳐날 때
어깨너머 가쁜 숨 고르며
상기된 노을이 달려오는

이제는,
가슴에 남은 향기 따라
아무리 서둘러도
하루하루 늦어지는 나그네를
울컥울컥 푸른 물을 삼키며
두 뺨마저 물든 노을이 기다리네

제목: 길 위에 핀 꽃

초판 1쇄 인쇄 2020년 12월 16일
초판 1쇄 인쇄 2020년 12월 23일

지은이: 김종호
펴낸이: 서인석
편집 및 디자인: 서인석· 서윤희
펴낸곳: 도서출판 열린동해문학
<등록 제 573-2017-000013호>
주소: 충북 청주시 서원구 모충로 93 1층 101호

HP: 010-7476-3801
팩스: 043-223-3801

ISBN 979-11-88966-60-8 (03800)

　이 책의 판권은 저자와 출판사의 동의 없이 무단 및 복제를
금합니다. 파손된 책은 구입처에서 교환하여 드립니다.
이 도서의 국립중앙도서관 출판시 도서목록(CIP) 서지정보유통지원
시스템 홈페이지(http://seoji.nl.go.kr)와 국가자료공동목록시스템
(http:nl.go.kr/kolisnet)에서 이용하실 수 있습니다
(CIP제어번호: (2020053570)